Start

finish

Start
finish

finish
start

finish
Start

Start
finish

finish
Start

Start
finish

finish
Start

Finish
Start

Start
Finish

Start
finish

Start
finish

finish
Start

finish
Start

finish
Start

finish
start

finish
Start

start

finish

finish
Start

finish
Start

start
finish

finish
start
finish

Start

finish

Start

finish

finish
Start

finish
Start
finish

finish
Start

finish
start

Start
finish

start
finish

finish
start

Start
finish

Start

finish
Start

Start
finish

finish
Start

finish
Start

finish
start

finish
Start

finish

Start

finish

Start

Start
finish

Start
finish

finish
Start

finish
start

Start

Finish
Start

Start

finish

Start

Finish

www.ingramcontent.com/pod-product-compliance
Ingram Content Group UK Ltd.
Pitfield, Milton Keynes, MK11 3LW, UK
UKHW051135260726
13967UKWH00010B/3054